# L'ASSEMBLÉE NATIONALE

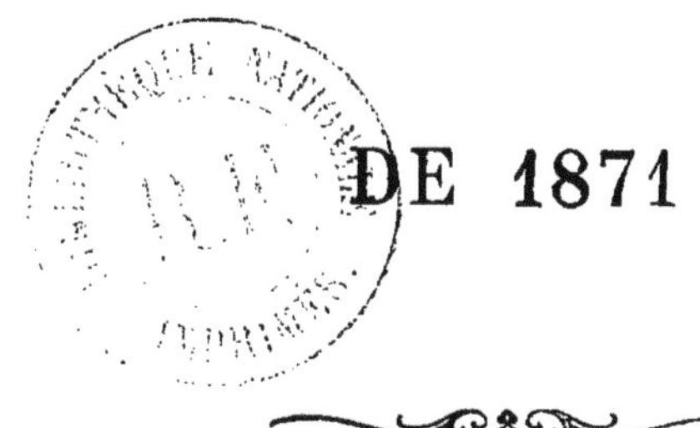

## DE 1871

PRIX : 50 CENTIMES

PARIS

LIBRAIRIE BORRANI, ÉDITEUR

9, RUE DES SAINTS-PÈRES, 9

—

1871

# INTRODUCTION

La déclaration des principes constitutifs des gouvernements réguliers est celle qu'en 1789 l'Assemblée nationale française reconnut et qu'ont successivement adoptés les gouvernements non soumis au despotisme.

Cette Assemblée était, comme on le sait, composée des hommes les plus éclairés du xix<sup>e</sup> siècle ; fidèle interprète des vœux de bailliages qu'elle représentait, sa déclaration des droits et des devoirs des citoyens était, aux yeux des hommes qui avaient médité sur cette matière, ce qu'il y avait de plus philosophique et de plus parfait.

La souveraineté, avant comme depuis le régime de la féodalité, avait toujours été exercée par trois pouvoirs distincts et indépendants : le pouvoir législatif, le pouvoir judiciaire et le pouvoir exécutif.

Le pouvoir législatif était exercé par les états généraux ; le pouvoir judiciaire, par les parlements, les cours souveraines et les présidiaux ; le pouvoir exécutif, par le roi.

Ces trois pouvoirs étaient pondérés et respectivement équilibrés, et toutes les fois qu'il y avait empiétement de l'un sur l'autre, il y avait perturbation dans l'État; puis, le besoin de l'ordre et de la paix publique se faisant sentir, l'équilibre finissait par se rétablir.

Ce qu'il importe de remarquer, c'est que toutes les fois que le tiers état était opprimé par l'un ou par l'autre des autres ordres, le roi s'empressait d'intervenir pour le protéger et au besoin pour le défendre.

Il devait nécessairement résulter de cet état de choses des sentiments de reconnaissance et d'affection du peuple protégé à l'égard du roi son protecteur; d'où l'on peut conclure que cette affection du peuple a dû faire pousser dans le sol français de profondes racines.

Si l'observateur veut ensuite fixer ses regards sur l'état moral des populations dans les pays les plus civilisés, il est forcé de reconnaître la nécessité d'y distinguer deux parties très-distinctes, savoir : la partie saine, heureusement la plus nombreuse et comprenant dans son ensemble les propriétaires, les commerçants et tous les citoyens dont l'intelligence a été cultivée; et la partie corrompue se composant des oisifs, de tous les hommes turbulents et déclassés, auxiliaires ordinaires de tous les révolutionnaires.

Ces observations faites ne sont pas contestables.

Mais avant d'aborder l'examen des graves questions que nous nous proposons de soumettre à la sagacité du lecteur, nous croyons nécessaire de rappeler à sa mémoire quelques faits antérieurs aux événements qui préoccupent aujourd'hui l'attention publique.

Le 5 mai 1789 était le jour fixé par Louis XVI pour l'ouverture des états généraux du royaume. Ces états se composaient, depuis la suppression du régime féodal, de trois ordres distincts, savoir : l'ordre du clergé, l'ordre de la noblesse et celui appelé le tiers état.

Il est bon de remarquer ici que, en 1788, l'opinion publique s'était vivement préoccupée de la question de savoir quel serait le nombre des membres du tiers état, et des publicistes avaient proposé que ce nombre fût égal à celui des deux autres ordres réunis, et que le roi dans son conseil s'était prononcé en faveur du tiers état.

Des salles, ainsi que cela s'était pratiqué, avaient été préparées pour chacun des trois ordres, et une autre plus vaste pour la réunion des trois ordres en assemblée générale.

L'ordre du clergé et celui de la noblesse s'étaient rendus chacun dans la salle qui lui était destinée ;

mais l'ordre du tiers état n'en fit pas de même : il se rendit dans la salle destinée à l'Assemblée générale et y prit divers arrêtés. Le lendemain, voulant continuer ses travaux dans le même local, il en trouva les portes fermées, et les membres qui en faisaient partie, au lieu de se retirer ou de se séparer, se rendirent en corps au Jeu de paume, et, sous la présidence de l'académicien Bailly, y prêtèrent le serment de ne se dissoudre qu'après avoir donné une constitution à la France : serment mémorable que la presse et la peinture s'empressèrent de reproduire pour satisfaire le vœu d'une population enthousiasmée.

Enfin, le 23 juin, eut lieu une séance royale dans laquelle le roi cassa et annula les arrêtés pris par le tiers état, et l'invita ainsi que les deux autres ordres à se rendre dans leur salle respective. Le roi s'étant retiré, M. de Brézé, maître des cérémonies, ayant voulu rappeler à l'Assemblée l'ordre de se retirer, le comte de Mirabeau se chargea de lui répondre par une apostrophe véhémente et qui ne permettait pas de réplique (1).

Le 2 avril 1791, le grand orateur Mirabeau cessa de

---

(1) « Vous qui n'avez ici ni place, ni voix, ni droit de parler, vous n'êtes pas fait pour nous rappeler le discours du roi. — Allez dire à votre maître que nous sommes ici par la puissance du peuple, et que nous n'en sortirons que par la force des baïonnettes. »

vivre. A cette nouvelle, la consternation fut générale ; chacun avait senti que la perte était immense ; tous les spectacles furent fermés, et l'Assemblée nationale arrêta que tous ses membres assisteraient à ses funérailles.

Le 4, elle décréta que la nouvelle église de Sainte-Geneviève serait destinée à recevoir les cendres des grands hommes, et le même jour le corps de Mirabeau y fut déposé.

Le 16 juillet 1791, Bailly, l'ex-président du tiers état, est nommé maire de Paris, et le général Lafayette appelé à commander la garde nationale. Ces choix furent accueillis avec satisfaction par l'opinion publique et par la partie saine de la population. Mais la partie corrompue de cette même population ne tardera pas à avoir des jours de triomphe, et ceux qui, naguère, étaient les idoles du peuple, seront l'objet de ses haines et de ses sarcasmes ; bientôt, on verra la statue de Mirabeau pendue à une potence ; Lafayette, brûlé en effigie, et Bailly, conduit à l'échafaud, insulté, couvert de boue ; le corps du sanguinaire et hideux Marat, mis en accusation quelques jours auparavant pour provocation à la guerre civile et pour résistance à l'opinion publique (1), porté triomphale-

_____

(1) Traduit devant un tribunal extraordinaire, il fut acquitté, et, couronné de lauriers, il fut porté par le peuple au sein même de la Convention.

ment au temple des grands hommes, à la place de celui de Mirabeau qui en sera immédiatement retiré; et enfin, que l'on pourra lire un décret de la Convention en vertu duquel le jour où aura lieu l'apothéose de Marat (1er octobre 1794) sera un jour de fête pour toute la République.

C'est parce que l'Assemblée législative (1), après avoir dépouillé le roi de ses prérogatives, avait successivement absorbé l'autorité du pouvoir exécutif, s'était vue forcée de convoquer une Convention nationale pour statuer sur le sort du roi, qu'elle avait, contre le droit des gens, mis en état de détention.

---

(1) Celle qui le 1er octobre 1792 a immédiatement succédé à l'Assemblée nationale constituante.

# L'ASSEMBLÉE NATIONALE

## DE 1871

CHAPITRE PREMIER.

### Renversement des Bourbons.

Si le 10 août 1792 l'antique trône des Bourbons fut renversé, il ne faut en attribuer la chute qu'à la manière de procéder de l'Assemblée législative, qui avait recueilli dans son sein tous les éléments d'opposition, les utopistes et tous les novateurs, tous peu disposés à être fidèles au serment qu'ils avaient prêté de défendre la Constitution. Il suffit de rappeler à la mémoire la série de ses derniers actes pour démontrer que telles n'étaient pas ses intentions, et qu'il semblait au contraire qu'elle s'était imposé la tâche de restreindre autant que possible les droits, les prérogatives et le prestige de la royauté. En effet, dès sa première séance, qui eut lieu le 1<sup>er</sup> octobre, elle lui refusa les titres de Sire et de Majesté, et la préséance dans les cérémonies publiques ; elle décréta que la place du roi serait à la droite du président de l'Assemblée et que les fauteuils seraient placés sur la même ligne.

Quel pouvait être, en définitive, le but de cette assemblée?

Les décrets successivement rendus et à des dates assez rapprochées vont nous l'apprendre.

Elle ne voulait rien moins que réunir au pouvoir législatif qu'elle exerçait le pouvoir exécutif qui n'appartenait qu'au roi. Elle procède graduellement à la réalisation de cette entreprise, ne rencontrant aucune opposition de la part du faible et trop débonnaire Louis XVI.

Suivons sa marche envahissante.

L'Assemblée constituante (celle à laquelle elle avait succédé) avait, par une disposition spéciale, décrété que le roi aurait pour sa sûreté et pour son indépendance une garde militaire se composant de douze cents hommes d'infanterie et de six cents hommes de cavalerie, tous pris dans l'armée active et d'une conduite irréprochable.

Le roi avait en outre, en vertu d'anciennes capitulations avec le gouvernement suisse, une garde auxiliaire composée de sujets nés en Suisse, et commandés par des officiers suisses.

Dès le 30 mars 1791, un décret ordonne le licenciement de la garde militaire du roi ; un autre décret le contraint à envoyer à la frontière les deux tiers de sa garde suisse.

La constitution avait attribué au roi pour son habitation le château des Tuileries et ses dépendances.

Le peuple, après les actes de violence exercés au faubourg Saint-Marceau, et ayant à sa tête le brasseur Santerre, avait brisé les portes des appartements du roi et l'avait contraint de se coiffer du bonnet rouge; à la suite de ces violences, le roi avait ordonné de fermer les grilles de son jardin; mais l'Assemblée, par décret du 24 juillet suivant, décréta que la terrasse des Feuillants, dépendance du jardin, serait désormais considérée comme faisant partie de l'enceinte du Corps législatif; de sorte que tous les ennemis du monarque ou de la monarchie eurent un accès facile pour le jour où l'on irait attaquer le château du côté du jardin.

Enfin, l'administration du département de la Seine avait, le 7 juillet 1792, arrêté que Péthion, maire de Paris, était suspendu de ses fonctions.

Le 22, le roi avait approuvé la suspension, mais le 23 l'Assemblée lève la suspension.

On voit donc qu'il y avait un complet désaccord entre le roi et l'Assemblée, et que cette situation ne pouvait être durable; aussi va-t-elle bientôt changer d'aspect.

Le 30 juillet, arrive à Paris un bataillon de Marseillais, ou plutôt de bandits ramassés dans le midi de la France. Ce bataillon ne tarda pas à sympathiser avec ceux qui s'étaient proposé le renversement du trône, et fut pour eux un puissant auxiliaire.

Qui avait appelé à Paris ce bataillon de bandits qui va servir d'appui à cinquante ou soixante égorgeurs soudoyés pour vider les prisons où étaient entassés les prêtres non assermentés, des royalistes de toutes

nuances? C'est ici le cas d'appliquer l'axiome de droit.
« *Actor rei cui prodest presumitur.* » Les égorgeurs
et leurs protecteurs reçurent leur récompense qui ne
se fit pas attendre.

La Commune de Paris pourvut au casernement du
bataillon des Marseillais à leur arrivée, et par décret
du 11 août elle leur alloua une gratification de 30 sols
par jour avec le remboursement de leurs frais de
voyage. Santerre fut investi du commandement de la
garde nationale à la place de Mandat, assassiné sur
les marches de l'hôtel de ville.

Laissant dans l'ombre les détails relatifs à la prise et
au sac du château des Tuileries, nous nous bornons à
dire que ce fut par la terrasse des Feuillants que le
roi et sa famille s'échappèrent pour aller se réfugier ou
pour mieux dire se livrer à l'Assemblée qui, contre le
droit des gens, le mit en état de détention ; car enfin
ils n'étaient pas coupables, ces malheureux qui récla-
maient leur liberté ; ils n'étaient pas même des préve-
nus ! car le rapport sur la mise en accusation n'eut
lieu que le 6 novembre suivant (1).

L'Assemblée les retint comme otages, et ils furent
conduits par Santerre et enfermés dans la grosse tour
du Temple. Le roi étant inviolable d'après la constitution, elle crut échapper à toute responsabilité en laissant
à la Convention nationale le droit de statuer sur le sort
de la famille royale. Mais la Convention n'ayant été à
même de se prononcer qu'après le rapport d'une com-

---

(1) Ce fut Dufriche de Valazé, député de l'Orne, qui, à la séance du
6 novembre 1792, présenta à la Convention, au nom d'une Commission
extraordinaire, le rapport et le projet de décret.

mission, rapport qui n'eut lieu que le 6 novembre 1792, rien ne pouvait donc justifier la mise en détention du roi.

La Convention, absorbant à la fois tous les pouvoirs, put à la fois remplir les rôles d'accusateur, de juge et de bourreau (1).

Le 21 janvier 1793 fut un jour de deuil pour la capitale. La consternation était empreinte sur tous les visages, et, malgré le silence imposé par la terreur, partout coulèrent des larmes abondantes.

Ce fut après les mémorables journées des 9 et 11 thermidor an II de la République, journées dans lesquelles Robespierre et ses principaux complices, suivis de quatre-vingt-un membres de la Commune de Paris, de sinistre mémoire, furent conduits à l'échafaud, qu'enfin cessa le règne de la terreur et du gouvernement révolutionnaire, que se fit entendre l'hymne appelé *le Réveil du Peuple,* qui fut chanté et répété avec enthousiasme dans tous les théâtres et sur les places publiques de Paris, par opposition avec le chant de *la Marseillaise* qui avait fait son temps, et que de nouveaux agitateurs voudraient encore aujourd'hui remettre en faveur avec le renouvellement d'une Commune de Paris.

---

(1) Santerre, chargé par la Convention de conduire le roi au lieu de l'exécution fixé sur la place Louis XV où venait d'être placée, trois mois auparavant, la statue équestre de son aïeul, était suivi d'une escorte nombreuse et attristée. Arrivé à l'échafaud, le roi se disposait à adresser quelques paroles au peuple assemblé autour de l'enceinte, mais Santerre, qui s'en aperçoit, ordonne de suite un roulement de tambours qui ferma la bouche au malheureux roi. Ce fut à peine si les spectateurs de cette scène douloureuse purent entendre les sublimes paroles que lui adressa son confesseur :

« Fils de saint Louis, montez au ciel. »

## CHAPITRE II.

**Affection du peuple français pour la monarchie.**

Étaient-ils donc éteints ces nobles sentiments de dévouement, d'affection du peuple français pour leur roi, sur lesquels nous avons, plus haut, appelé l'attention du lecteur ? Non, ils n'étaient pas éteints, et pour le prouver il suffit de rappeler les circonstances qui lui ont fourni l'occasion de les manifester.

On ne peut ignorer d'abord que ce fut son affection pour le peuple, désigné alors sous le nom de tiers état, qui lui fit décider que le nombre de ses représentants aux états généraux serait égal à ceux des deux autres ordres réunis : décision qui eut pour conséquence de lui donner la prépondérance à l'Assemblée nationale. Gardons-nous surtout d'oublier que le premier acte émané des états généraux fut une déclaration des principes sur l'hérédité de la couronne. En voici les termes textuels : « Le gouvernement français « est monarchique, la couronne est héréditaire de mâle « en mâle, le roi est dépositaire du pouvoir exécutif, la « nation fait la loi avec la sanction royale, l'impôt ne

« peut être accordé que par les états généraux (1). »

On ne peut oublier que dans la mémorable nuit du 4 août 1789, l'Assemblée nationale décerna à Louis XVI le titre de restaurateur de la liberté française.

La génération actuelle serait bien ingrate si elle n'en avait pas conservé le souvenir ; la génération de l'époque ne l'avait pas oublié, car à la nouvelle des insultes qui furent faites au roi dans la journée du 20 juin, une pétition, revêtue de vingt mille signatures, fut portée à l'Assemblée législative pour exprimer l'indignation de la capitale et demander que les auteurs de ces insultes fussent poursuivis : pétition dont l'Assemblée ne tint aucun compte.

Les habitants de la capitale avaient déjà manifesté leur mécontentement à l'occasion du décret qui refusait d'employer les titres de Sire et de Majesté, décret qui, dès le lendemain, fut rapporté.

Cette affection pour la royauté résulte non-seulement du décret qui statue qu'il sera nommé un gouverneur pour le prince royal dans le cas où des causes prévues entraîneraient la peine de la déchéance, mais encore de sa sollicitude pour assurer la liberté du roi en organisant, dans sa dernière séance, sa garde militaire dont la constitution avait ordonné la création.

De ces faits incontestables, il résulte évidemment

----

(1) Les électeurs des trois ordres de l'État avaient été autorisés à émettre dans des cahiers leurs vœux et leurs doléances.

Le dépouillement de ces cahiers, déposés à la Commission nommée par l'Assemblée nationale pour préparer un projet de Constitution, fut l'objet d'un rapport spécial, et offrit, sur la plupart des questions dont les électeurs avaient cru pouvoir s'occuper, des déclarations et des vœux pour ainsi dire identiques.

que l'Assemblée législative n'a pu ignorer combien était sincères l'attachement et le respect de la nation pour la monarchie et en particulier pour le meilleur et le plus débonnaire des rois.

C'est avec regret que nous avons lu dans un journal l'extrait de l'opinion de l'honorable M. de Noailles sur les conséquences de l'immolation, en 1793, de Louis XVI. L'auteur, sans tenir aucun compte du vœu exprimé en 1789 par les électeurs représentant les anciennes provinces françaises (1), se prononce pour un système de gouvernement républicain dont il n'indique ni les bases ni les conditions.

Pourquoi donc, après un long et douloureux circuit, tenter un nouvel essai de République, s'exposer à de nouvelles déceptions et ne pas revenir directement et sans hésitation au système de gouvernement parlementaire inauguré par le plébiscite de 1870 et fondé sur les bases solides de l'unité et de l'héridité?

---

(1) Nous avons donné ci-dessus de la déclaration des trois ordres se prononçant pour le pouvoir monarchique.

# CHAPITRE III.

## La liberté électorale.

L'auteur avait, en 1861, adressé à un publiciste, dont l'expérience dans la discussion des questions politiques était alors d'un grand poids, un exemplaire d'un écrit qu'il venait de publier, dans l'espérance que ce publiciste en ferait l'insertion dans le journal dont il était l'un des principaux rédacteurs. Sa réponse fut, comme on le verra, peu satisfaisante sous certains rapport; mais nous tenons à faire remarquer au lecteur le passage de cette réponse où le publiciste reconnaît et déclare que la liberté électorale est le fondement et la garantie de toutes nos autres libertés. Nous croyons utile de reproduire ici ce passage d'autant plus important, que nous avons démontré ailleurs que depuis 1787 cette liberté n'a jamais existé en France.

Il n'est pas non plus sans intérêt de prouver que si les principes quand ils sont vrais ne varient pas, il arrive souvent que des hommes changent de principes suivant les circonstances ou cessent d'être fidèles à leurs principes.

Le publiciste dont il s'agit en fournit un exemple (1).

L'auteur croit utile de citer la partie de la lettre que lui avait écrite M. Prévost-Paradol en réponse à l'envoi de sa brochure.


« Monsieur,


« Je vous remercie de l'envoi que vous avez bien
« voulu me faire de votre écrit avec le titre qui l'accom-
« pagne.

« Je suis heureux de voir que vous avez senti
« l'inconvénient d'avoir trop peu de liberté, et je vois
« comme vous dans le rétablissement de la liberté
« électorale le fondement et la garantie de toutes les
« autres. J'ai donc lu avec plaisir, Monsieur, plusieurs
« pages de votre travail, mais le jugement que vous
« portez à la page 27 de votre brochure sur l'acte du
« 2 décembre suffit pour en détruire à mes yeux tout
« l'intérêt et me détournerait absolument de m'en
« occuper alors même que les journaux auraient la
« liberté nécessaire pour traiter les graves questions
« que vous avez soulevées....

« Veuillez agréer, Monsieur, avec mes remer-
« cîments, l'assurance de ma parfaite considération.

« *Signé :* Prévost-Paradol. »

---

(1) M. Prévost-Paradol, si rigoureux à l'égard du coup d'État du 2 décembre 1852, a, peu d'années après, sollicité ou au moins accepté les faveurs de celui qui avait préparé et fait exécuter ce coup d'État ; en effet, Napoléon III l'avait nommé son ministre plénipotentiaire aux États-Unis, et il s'y était rendu pour remplir cette honorable mission.

Le lecteur a pu remarquer dans cette réponse que le publiciste est complétement d'accord avec l'auteur sur l'indispensable nécessité que la liberté la plus entière soit laissée aux électeurs, parce que cette liberté est le fondement et la garantie de toutes les autres.

L'auteur pourrait répéter ici ce qu'il a écrit ailleurs.

La liberté des élections est la pierre angulaire de l'édifice politique, parce qu'elle est la seule barrière contre l'arbitraire, et que partout où elle manque c'est le despotisme plus ou moins déguisé (1).

---

(1) *Un dernier mot sur le Suffrage universel*, publié en 1869. Se trouve chez Dentu, au Palais-Royal.

# CHAPITRE IV.

## Le suffrage universel.

Suffrage universel sont deux mots magiques que nous entendons chaque jour rappeler par ceux qui sont censés en connaître le mieux la signification.

Ces mots furent une découverte merveilleuse et une innovation dans le langage politique des législateurs français. Nous ne prétendons pas en enlever la glorieuse origine au gouvernement provisoire créé par l'insurrection du 24 février 1848, nous voulons seulement constater que ces mots ont deux significations opposées l'une à l'autre : et d'abord, que le décret relatif à ces deux mots magiques a été illégalement rendu, c'est-à-dire par des individus qui n'avaient pas le pouvoir de dénaturer, de changer le droit électoral qui depuis 1789 n'avait cessé de régir le pays.

En effet, le décret du 15 mars 1848 a été rendu en l'absence et sans le concours du Corps législatif. Le décret de la convocation de la Convention avait déjà opéré quelques changements dans le décret relatif au droit électoral de 1789, lequel avait expressément maintenu l'obligation pour l'électeur de justifier des quatre conditions ci-après :

1° D'être inscrit au rôle des contributions directes ;

2° D'être âgé de vingt-cinq ans accomplis ;

3° D'avoir sa résidence dans la commune depuis au moins un an ;

4° De n'être pas en état de domesticité.

Tandis que le décret du 15 mars dont il s'agit dispensait l'électeur de faire ces justifications ; il suffisait d'être âgé de vingt et un ans et d'avoir six mois de domicile dans sa commune.

Le gouvernement du prince-président de la République avait bien compris le danger de laisser opérer les élections qui devaient avoir lieu dans quelques jours dans de telles conditions, et il proposa à l'Assemblée législative d'y faire d'importantes modifications qui furent faites par loi du 31 mai 1850 ; il fut puissamment secondé par le concours des républicains modérés qui, ayant compris le danger de laisser subsister sans modifications le décret du 15 mars, s'étaient unis aux députés appelés conservateurs.

# CHAPITRE V.

## Le second Empire.

Ce furent les progrès toujours croissants du socialisme qui, en 1849, s'étaient manifesté par l'insurrection et l'immolation de nombreuses victimes qui motivèrent, sans en justifier les moyens, le coup d'État du 2 décembre 1852.

La France justement alarmée s'empressa d'adhérer au plébiscite du 10 décembre 1852, dans lequel étaient inscrites les bases et les conditions d'un gouvernement nouveau avec promesse de réaliser et de mettre en pratique les principes de la Révolution de 1789.

Le programme de ce gouvernement nouveau n'était en réalité qu'une organisation habile du pouvoir personnel.

En vertu du pouvoir constituant que lui conférait le plébiscite, il pouvait étendre ou restreindre à son gré les droits politiques de citoyen français, bien que reconnus et proclamés par l'Assemblée constituante, et Napoléon III en avait largement usé par ses règlements arbitraires sur la liberté de la presse.

Enfin, les élections de 1869 avaient apporté des for-

ces nouvelles au parti libéral; des améliorations importantes avaient été opérées, et un nouveau plébiscite
élaboré avec maturité, accepté avec reconnaissance par
l'opinion publique, allait mettre la France en possession d'un gouvernement constitutionnel libéralement
pondéré, offrant toutes les garanties de durée, lorsque
par une coïncidence fatale, une guerre terrible est venue
renverser le gouvernement que venait de créer le plébiscite de 1870.

# CHAPITRE VI.

## Le plébiscite de 1870.

Le plébiscite fut un acte synallagmatique entre deux parties contractantes.

D'un côté Napoléon III, renonçant au pouvoir constituant qui lui avait été conféré par le plébiscite de 1852, et la nation représentée par le Corps législatif et par le Sénat, promet et garantit l'hérédité de la couronne impériale dans la ligne masculine de la dynastie napoléonienne.

Le plébiscite a été soumis à l'approbation de la nation qui l'a accepté à la majorité de huit millions de votants sur neuf millions cinq cent mille ayant droit de voter.

Le plébiscite-contrat était en cours d'exécution lorsque les événements politiques qu'il n'est pas besoin de rappeler sont venus changer radicalement la situation respective des parties contractantes.

D'un côté Napoléon III avait été déclaré déchu de la couronne par l'autorité législative ; d'un autre, privé de la liberté et détenu dans une forteresse étrangère et, par suite, mort civilement. Il ne pouvait plus transmettre les droits qu'il avait perdus, tandis que la nation est rentrée, par suite de ces événements, en possession de ses droits de souveraineté.

Toutefois, s'il arrivait que Napoléon III, déchu par la mort civile des droits que lui avait garantis le plébiscite, obtînt sa liberté, il ne pourrait être admis à les revendiquer ; ce serait à l'Assemblée constituante, aujourd'hui couvoquée, qu'appartiendrait le droit de décider la question si elle lui était soumise.

Mais une question pourrait surgir : le prince impérial, héritier naturel de Napoléon III, pourrait aujourd'hui être admis à réclamer, en sa qualité d'héritier de Napoléon empereur, mort civilement, le bénéfice des stipulations faites en sa faveur par le plébiscite de 1870.

Cette question est grave et peut être la matière d'une sérieuse controverse entre les jurisconsultes.

Mais les considérations d'intérêt public devront dominer sur toutes les controverses « *salus populi suprema lex*, » et pour parler plus clairement, la nation, si elle était consultée, serait-elle disposée à confier ses futures destinées à un jeune écolier que son père n'aurait pas dû distraire de ses études classiques pour lui faire exécuter, sous un chef d'état-major, des manœuvres dont il ne connaissait pas les premiers éléments, et adresser à son armée les harangues qui lui avaient été dictées !

Ce ne fut, il faut le croire, qu'une fiction qui avait pour but de lui faire conquérir l'affection du soldat (1).

Au lieu de ces démonstrations conseillées par la vanité, il eût été plus utile pour le peuple sur lequel il

-------------------------------------------------------------------

(1) Au camp de Châlons.

était appelé à régner, qu'il restât occupé à développer son intelligence et son instruction.

Mais si Louis Bonaparte avait des qualités qu'on ne peut contester et dont il a fait preuve, sa présomption était encore plus grande ; il s'était persuadé que le prestige du nom dont il avait hérité suffisait pour vaincre tous les obstacles. Son imprévoyance a, malheureusement pour la France, été trop bien constatée par les désastres de Sedan.

Prodigue envers ses courtisans et pour ceux dont il pouvait espérer du dévouement, il fut ingrat envers nombre de ceux qui avaient constamment défendu sa cause et ses intérêts dynastiques.

# CHAPITRE VII.

## Assemblée nationale proposée par M. Corbin.

A cette époque douloureuse, un président de Cour souveraine, qui avait refusé de rendre la justice au nom d'un gouvernement qu'il considérait comme illégal, publia, sous le titre d'*Assemblée nationale,* un écrit politique contenant de piquantes vérités sur les entrevues entre M. Jules Favre et M. de Bismark ; ce magistrat démissionnaire m'avait adressé un exemplaire de son écrit. Il crut devoir profiter de l'interrègne qui suivit la déclaration faite par le Corps législatif, de la déchéance de l'empereur, pour proposer un expédient qu'il considérait comme une mesure de salut public.

Cet expédient consistait à convoquer les électeurs pour se rendre au lieu qui serait désigné par le. Président du Corps législatif, afin d'aviser aux mesures urgentes que pouvaient rendre nécessaires les circonstances fâcheuses dans lesquelles se trouvait la France.

« A cet appel, disait-il, nul ne manquera, ou bien c'en est fait du sentiment du devoir et de toute vertu civique. » Mais si l'expédient proposé pouvait être réalisable le 29 septembre, il avait bientôt cessé de l'être, et si le courageux démissionnaire eût différé de quelques jours sa publication, il est hors de doute qu'il se fût abstenu, se bornant à gémir en silence des malheurs de la patrie (1).

A l'égal du torrent qui vient de rompre ses digues, l'armée prussienne, fière de ses premiers succès, s'avançait à marches forcées vers la Capitale, où elle espérait entrer sans obstacles, et dont les habitants aux abois et paralysés par la terreur ne pouvaient avoir de volonté personnelle, et qui pressés par l'impérieuse nécessité se trouvaient contraints de se réfugier sous le drapeau des usurpateurs de la souveraineté nationale; non que ces usurpateurs manquassent de lumières ou de capacité, car sous ce rapport, et s'il y avait doute, les faits accomplis depuis vingt-deux ans parleraient hautement en leur faveur. Mais plusieurs d'entre eux ont déjà et par les mêmes moyens, c'est-à-dire par la violence et l'arbitraire, usurpé le pouvoir souverain dont ils avaient étrangement abusé, soit en faussant les élections à l'aide de circulaires adressées à cet effet à leurs commissaires envoyés dans tous les départements, soit par des actes arbitraires (2).

---

(1) Le magistrat démissionnaire et auteur de l'écrit publié en septembre 1870, sous le titre d'*Assemblée nationale*, est M. Eugène Corbin, qui avait refusé d'être garde des sceaux en 1852, et qui était alors procureur impérial.

(2) Circulaire du Gouvernement provisoire de 1848 à ses commissaires.

« C'est de la composition de l'Assemblée que dépendent nos desti-
« nées ; il faut qu'elle soit animée de l'esprit révolutionnaire et que
« les électeurs nous donnent tous des hommes de la veille et pas du

L'auteur, dans un écrit publié sous le titre de *Qu'est-ce que le suffrage universel*, a déploré les excès et les principes d'après lesquels semblait agir ce gouvernement improvisé, né du désordre et de l'insurrection. Il ne paraîtra pas inutile au lecteur de pouvoir lire le passage qui suit de cet opuscule :

« Qui pourra se persuader un jour qu'au xixᵉ siècle,
« alors que la civilisation et la science de l'économie
« politique avaient fait le plus de progrès, il se soit
« trouvé une époque où chez une nation éclairée on
« ait mis sérieusement en question le droit sacré de la
« propriété, qu'il ait été besoin d'une sorte de croisade
« d'écrivains dévoués, s'imposant l'honorable tâche de
« le défendre contre les attaques des modernes Solons,
« ne voulant rien moins que substituer à l'antique so-
« ciété française les créations fantasques de leur ima-
« gination déréglée (1)? On aura peine à croire que
« dans ces jours néfastes la Capitale soit restée des
« mois entiers livrée à la plus affreuse anarchie, que
« chaque jour ses rues aient été parcourues par des
« masses de prolétaires guidés par des chefs, marchant
« avec ensemble, dictant des conditions à l'autorité
« chancelante ou complice (2)........ »

---

« lendemain, des hommes autant que possible sortis du peuple.....
« Quels sont vos pouvoirs ? ils sont illimités; agents d'une autorité
« révolutionnaire, vous êtes révolutionnaires aussi...... »

(1) M. Thiers que l'on retrouve partout où il y a du bien à faire était à la tête de la Croisade des écrivains dévoués. Son livre publié sous le titre de *la Propriété* méritait et obtint un grand succès.

(2) Léon Faucher, ministre de l'intérieur sous le Gouvernement présidentiel de Louis Bonaparte, avait, du haut de la tribune et s'adressant aux membres du Gouvernement provisoire présents à l'Assemblée, lancé cette apostrophe « Oui ! vous êtes tous-plus ou moins socialistes ! »

# CHAPITRE VIII.

## République.

La souveraineté nationale n'a d'autre mode ou moyen de manifester sa volonté que par le droit électoral librement exercé.

L'auteur de cet écrit a vécu sous le gouvernement monarchique de 1789, sous la République de 1793, sous celle de 1848 et sous le régime impérial, et il lui est facile de démontrer que jusqu'à 1869 la liberté électorale n'a pas existé.

En 1789, l'Assemblée constituante ayant déclaré par une mesure impolitique qu'aucun de ses membres ne serait éligible à l'Assemblée législative, la liberté électorale n'était pas entière.

Sous la convention nommée sous le régime de la terreur, la loi du 5 fructidor an III imposait aux électeurs l'obligation de choisir dans son sein les deux tiers de députés qui devaient composer le futur Corps législatif.

Pour être membre du Directoire exécutif, il fallait être compris dans une liste de cinquante membres dont la notoriété n'était pas connue et en tête de laquelle se trouvaient les noms de cinq membres de la Convention ayant voté la mort du roi (1).

Sous le premier Empire et sous la Restauration, il

---

(1) D'après la constitution de l'an III de la République (1795), le pouvoir législatif était exercé par deux conseils composés, l'un de

fallait payer un cens déterminé; en 1848, il fallait être républicain de la veille et non du lendemain ; sous le second Empire, il fallait être compris dans la liste officielle des candidats.

Ce dernier état de choses a duré jusqu'à l'acceptation du plébiscite de 1870.

Ainsi, comme on le voit, la liberté électorale n'avait pas jusque-là existé.

Sous la République, proclamée par le Gouvernement de la défense nationale, cette liberté si nécessaire pourra-t-elle exister?

On est fondé à le croire d'après le résultat des élections à l'Assemblée constituante.

Nous pouvons ajouter ici que la proclamation de la République faite par le Gouvernement de la défense nationale fut une faute et un excès de pouvoir.

Une faute, parce que non-seulement cette forme de Gouvernement étant opposée aux opinions d'un grand nombre d'habitants du midi, elle les trouvait peu disposés à la défense nationale.

Un excès de pouvoir, parce que le droit de déterminer la forme du Gouvernement futur ne pouvait appartenir à un gouvernement transitoire, mais seulement à une assemblée constituante.

---

cinq cents députés et l'autre de deux cent cinquante députés qui devaient être âgés de quarante ans au moins, et appelé le conseil des Anciens.

Le pouvoir exécutif était à la nomination du conseil des Anciens, qui devait nécessairement choisir les cinq membres qui devaient le composer sur une lettre décuple présentée par le conseil des Cinq-Cents; et ce fut par cet indigne stratagème que le conseil des Anciens se trouva forcé d'accepter les noms des cinq députés qui avaient voté la mort du roi.

# RÉSUMÉ

Parvenu pour ainsi dire à la dernière limite de l'âge, l'auteur est l'un des rares témoins des révolutions qui depuis quatre-vingts ans ont successivement agité la France ; dépourvu de toute ambition, il ne peut aujourd'hui former qu'un vœu : celui de pouvoir être encore de quelque utilité à sa patrie haletante et mutilée.

Dans les observations qui précèdent, il ne s'est proposé d'autre but que celui de donner un conseil à son pays. Si ce conseil est accueilli avec faveur et bienveillance, il aura atteint le but qu'il s'était proposé.

S'appuyant sur sa longue expérience, il se permettra de donner à la jeune génération, désormais l'espoir de la France, un conseil salutaire.

Gardez-vous bien de vous laisser séduire par les utopistes, qui vous promettront, si vous les écoutez, le retour de l'âge d'or ; restez fidèles à vos traditions, hâtez-vous, pour cicatriser vos plaies saignantes, d'aller vous abriter à l'ombre du trône des descendants de Charlemagne.

Paris, imprimerie Paul Dupont, rue J.-J.-Rousseau, 41 (811.3.1.)